FUN THINGS TO DO WHILE YOU

Christmas Poo

2

EDGAR ALLAN POO

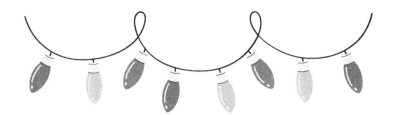

IT'S CHRISTMAS... AGAIN!

SUCH A SPECIAL TIME...

...BUT LET'S FACE IT - EVERY YEAR WE ALL SWEAR THAT THIS TIME IT WILL BE DIFFERENT, THAT MAYBE, FOR ONCE, WE'LL TAKE IT EASY AND APPROACH THE HOLIDAY PERIOD WITH A DEGREE OF MEASURE, DACORUM, SELF-RESTRAINT IF YOU WILL... ONLY TO END UP, AS EVER, EATING LOTS AND LOTS AND LOTS OF LOVELY FOOD!

THE CHRISTMAS POO THEREFORE IS IN A CATEGORY OF ITS VERY OWN, CONSTITUTING A HEADY CONCOCTION OF EVERYTHING FROM WHOLE TINS OF QUALITY STREETS, LITRES OF BAILEY'S IRISH CREAM AND FAR TOO MUCH TURKEY STUFFED WITH STUFFING .

MUCH THEN LIKE GRANDPA'S PORT, IT NEEDS PATIENT PARTAKING OF. PROLONGED PONTIFICATION AND A POIGNANTLY PRAGMATIC APPROACH TO THE PRODUCTION OF ITS PROTUBERANCE.

AND SO, WITH THIS MAGNIFICENT TOME IN HAND, THE SECOND IN THE SERIES, WE ONCE AGAIN INVITE YOU TO TAKE YOUR SWEET-ARSE TIME, LAY YOUR YULE LOG GENTLY IN ITS MANGER, AND ENJOY THESE **WORD SEARCHES, RIDDLES, SUDOKU PUZZLES AND MAZES.**

CONTENTS

Word Searches

SANTA'S CHRISTMAS LIST

R	A	L	A	X	A	T	I	V	E	S	A	P	A
N	E	A	T	I	R	E	W	I	D	P	A	T	S
A	C	H	A	T	E	A	U	I	S	S	A	W	N
I	A	V	I	Z	M	A	G	A	Z	I	N	E	E
I	G	P	L	M	S	T	L	N	N	R	V	E	T
E	N	A	D	E	C	A	E	P	D	L	R	O	W
L	B	N	A	I	R	J	O	R	D	A	N	S	A
S	L	T	T	S	K	C	O	S	T	V	A	A	W
I	V	S	W	I	N	G	B	A	L	L	R	N	K
G	N	R	N	D	A	R	M	G	E	T	N	B	A
A	D	O	G	I	C	S	L	R	T	M	G	T	O
E	S	T	H	G	I	E	R	E	T	F	A	G	C
B	E	A	R	D	T	R	I	M	M	E	R	I	R
B	C	T	B	U	S	P	T	B	B	G	U	N	A

SOCKS	A CHATEAU	BEARD TRIMMER
WORLD PEACE	AIR JORDANS	VIZ MAGAZINE
PANTS	BB GUN	A DOG
AFTER EIGHTS	SWINGBALL	LAXATIVES

REJECTED REINDEER NAMES

S	I	V	R	E	E	D	Y	T	T	E	B	D	D
R	E	E	D	G	N	I	K	M	E	D	E	E	R
N	A	G	R	O	M	S	R	E	E	D	O	E	E
D	A	R	P	I	N	T	O	F	D	E	E	R	E
U	E	D	E	E	R	A	N	D	N	O	W	J	D
E	M	E	E	T	D	Y	D	R	D	E	G	E	E
R	Y	B	R	I	E	D	E	D	D	E	N	T	L
A	R	V	A	D	R	I	N	O	D	Y	I	T	B
D	E	L	K	D	I	A	E	E	O	N	L	E	M
R	E	R	L	D	V	A	D	V	T	N	I	O	U
D	D	D	G	E	I	T	R	G	U	L	U	E	D
E	I	I	L	O	N	A	E	Y	D	E	E	E	E
D	V	O	L	D	E	E	R	M	O	R	T	D	E
R	E	D	E	E	R	N	O	E	V	I	L	N	D

VOLDEERMORT

DEER DIARY

KING DEER

DEER AND NOW

DUMBLEDEER

PINT OF DEER

DEER NO EVIL

DEERY ME

DEERS MORGAN

BETTY DEERVIS

DEER JET

EMERGENCY WRAPPING PAPER

W	S	T	I	O	T	M	P	O	E	T	T	D	R
P	A	I	D	L	O	T	E	P	I	S	R	Y	A
L	N	N	T	D	B	E	D	S	H	E	E	T	I
A	I	F	G	R	D	O	O	R	M	A	T	S	R
S	T	O	N	E	O	E	I	T	L	G	R	I	T
T	A	I	E	C	I	C	D	T	T	E	S	D	G
I	R	L	W	E	O	T	B	N	T	P	L	O	S
C	Y	P	S	I	P	R	A	S	E	G	O	L	O
B	T	A	P	P	I	T	A	T	Y	P	B	A	A
A	O	S	A	T	M	L	I	F	G	N	I	L	C
G	W	A	P	S	P	E	L	O	I	N	W	I	A
L	E	S	E	B	L	A	N	K	E	T	E	L	S
H	L	E	R	D	O	G	P	O	O	B	A	G	A
R	S	O	W	R	O	A	N	A	P	P	Y	A	T

BED SHEET	A NAPPY	PLASTERS
NEWSPAPER	OLD RECEIPTS	PLASTIC BAG
SANITARY TOWELS	TIN FOIL	CLING FILM
DOORMAT	BLANKET	DOG POO BAG

FANTASY XMAS DINNER GUESTS

D	C	R	G	B	L	S	N	N	E	S	A	N	P
A	E	N	N	R	E	I	C	Y	E	E	Y	E	R
M	C	E	I	I	B	M	E	T	H	O	R	N	I
E	N	R	L	A	R	R	A	I	A	D	H	U	N
J	E	A	P	N	U	E	B	G	H	D	U	I	C
U	R	E	I	B	C	P	C	L	E	P	P	U	E
D	U	P	K	L	E	T	T	H	E	P	O	P	E
Y	A	S	R	E	L	N	A	M	T	A	B	P	E
D	L	E	M	S	E	A	Y	A	O	E	N	T	S
E	Y	K	T	S	E	R	C	N	B	N	C	I	P
N	B	A	P	E	P	P	E	R	P	I	G	U	B
C	O	H	M	D	U	N	A	A	M	P	T	I	T
H	T	S	T	H	E	D	A	L	I	L	A	M	A
E	O	N	U	R	B	K	N	A	R	F	N	E	E

SHAKESPEARE   MR KIPLING   BATMAN

THOR   TOBY LAURENCE   THE POPE

DAME JUDY DENCH   FRANK BRUNO   PEPPER PIG

THE DALI LAMA   BRIAN BLESSED   PRINCE

BRUCE LEE

EXCUSES NOT TO VISIT
THE IN-LAWS

O	B	O	F	O	R	G	O	T	K	U	E	D	E
O	V	E	R	S	L	E	P	T	I	H	O	I	P
I	K	D	E	S	I	B	S	W	D	E	T	T	H
D	E	N	O	I	T	C	E	S	N	E	L	F	T
E	N	U	A	I	B	O	H	P	A	R	O	G	A
E	R	T	E	I	I	A	T	T	P	K	P	A	E
A	O	E	P	E	A	A	E	T	P	H	D	I	D
C	O	N	S	C	R	I	P	T	E	D	O	U	N
A	A	A	R	R	E	S	T	E	D	O	R	E	W
L	O	N	G	O	T	L	O	S	T	H	E	T	O
O	R	E	R	T	A	F	O	A	W	O	R	K	E
B	T	R	A	I	N	S	T	R	I	K	E	Q	K
E	C	O	L	A	A	M	E	E	T	I	N	G	A
R	P	A	E	K	A	U	Q	H	T	R	A	E	F

KIDNAPPED	WORK	EBOLA
GOT LOST	OVERSLEPT	AA MEETING
FAKE OWN DEATH	FORGOT	SECTIONED
TRAIN STRIKE	EARTHQUAKE	CONSCRIPTED
AGORAPHOBIA	ARRESTED	

NO STOCKING? USE THIS...

B	N	H	T	A	B	E	H	T	C	A	Y	B	O
G	A	B	N	I	B	A	O	O	L	O	O	O	E
G	T	G	E	W	H	R	B	A	U	U	W	X	S
C	R	R	C	I	A	I	B	R	U	G	E	E	A
A	H	A	T	O	D	S	H	B	W	A	L	R	C
R	D	N	S	O	A	A	H	H	O	K	L	S	W
B	B	D	S	S	N	L	T	B	O	L	I	S	O
O	H	A	X	D	N	I	S	O	A	A	E	H	L
O	T	D	S	R	O	L	A	C	O	G	B	O	L
T	S	S	H	B	U	G	B	L	U	U	O	R	I
A	B	U	C	K	E	T	B	I	G	T	O	T	P
L	O	R	N	O	E	I	L	O	I	L	T	S	O
G	N	N	A	N	A	T	B	E	W	S	S	L	U
O	B	I	R	D	S	N	E	S	T	L	E	I	E

CAR BOOT	COAL SCUTTLE	YOUR HANDS
DOG. BOWL	BOXER SHORTS	WASH BAG
A BUCKET	GRANDAD'S URN	THE BATH
PILLOW CASE	WELLIE BOOTS	A BIN BAG
A HAT	BIRDS NEST	

FAMILY GAMES BEST AVOIDED

```
T  R  E  A  T  T  B  E  T  N  P  K  E  A
R  T  T  I  R  S  E  L  E  A  A  J  T  G
J  E  R  T  U  L  A  T  L  O  I  I  T  S
L  A  S  I  T  P  R  T  T  R  N  J  T  T
T  E  M  A  H  G  B  O  T  R  T  N  I  R
B  L  G  G  O  I  A  B  T  R  B  A  E  I
R  T  O  E  R  H  T  E  O  U  A  M  B  P
A  I  R  A  D  N  I  H  R  O  L  U  E  P
J  T  A  R  A  N  N  T  N  O  L  J  A  O
L  T  E  R  R  I  G  N  I  B  D  R  T  K
T  A  I  K  E  A  B  I  D  R  T  E  O  E
I  S  U  S  E  A  I  P  B  I  U  N  O  R
K  A  R  M  W  R  E  S  T  L  I  N  G  N
A  C  A  G  E  F  I  G  H  T  I  N  G  R
```

ARM WRESTLING   RODEO   PAINTBALL

CAGE FIGHTING   TRUTH OR DARE   JUMANJI

RISK   SPIN THE BOTTLE   BEAR BAITING

STRIP POKER

CHRISTMAS SHOPPING LIST

N	L	N	I	B	A	I	L	E	Y	S	I	K	U
A	C	I	I	G	S	E	I	P	E	C	N	I	M
A	W	R	A	P	P	I	N	G	P	A	P	E	R
D	D	N	S	E	T	A	L	O	C	O	H	C	R
E	I	J	N	T	N	N	A	I	D	T	A	C	R
L	G	U	U	S	C	K	T	O	I	U	C	A	A
M	C	M	T	D	M	N	U	S	M	U	L	R	S
E	A	P	S	R	A	N	R	S	A	L	A	G	T
I	P	E	E	A	C	T	K	T	N	P	O	T	E
N	A	R	R	C	O	R	E	F	P	L	D	A	H
G	M	S	F	I	A	I	Y	I	U	C	S	G	F
E	I	Y	T	S	L	N	C	G	U	R	C	N	C
E	G	U	D	E	C	O	R	A	T	I	O	N	S
E	N	G	A	P	M	A	H	C	N	M	A	R	P

MINCE PIES   COAL   NUTS

DECORATIONS   CARDS   CHAMPAGNE

WRAPPING PAPER   CHOCOLATES   LOGS

BAILEYS   JUMPERS   GIFTS

TURKEY

SANTA'S ELVES' NAMES

A	Y	N	S	E	B	A	Y	E	T	S	Y	S	N
R	E	C	O	D	E	C	E	X	M	O	O	D	F
D	T	A	G	O	R	A	A	O	S	N	M	Y	B
O	D	A	R	D	D	O	O	R	M	K	L	Y	M
E	M	S	A	G	S	A	B	K	B	R	T	A	A
A	E	R	A	X	O	R	C	T	S	O	R	U	R
A	H	R	L	T	A	S	A	O	T	B	O	A	K
H	B	S	T	K	C	E	E	N	K	L	A	T	E
A	R	H	U	M	R	L	M	L	M	E	M	P	T
W	C	E	L	P	U	O	A	F	A	R	A	B	P
E	F	B	A	A	F	G	O	I	X	A	Z	W	L
T	F	F	A	E	B	O	O	H	X	R	O	O	A
E	H	A	L	F	O	R	D	S	T	Z	N	E	C
L	O	J	O	H	N	L	E	W	I	S	D	E	E

OCADO   AMAZON   EBAY

CAR BOOT   TK MAXX   HALFORDS

JOHN LEWIS   ARGOS   ETSY

FB MARKETPLACE   GUMTREE

REJECTED
SLEIGH-PULLING ANIMALS

N	N	E	P	U	F	F	A	D	D	E	R	S	A
F	F	O	E	T	E	F	E	R	R	E	T	S	L
H	S	F	O	A	S	A	C	T	L	H	L	S	O
E	C	R	B	E	A	R	S	N	I	F	A	E	B
T	R	S	O	O	R	A	G	N	A	K	F	O	S
I	S	E	F	F	A	R	I	G	E	R	E	G	T
N	I	B	A	S	B	A	N	T	S	T	I	N	E
G	G	O	L	D	F	I	S	H	I	A	A	I	R
P	C	H	A	F	F	I	N	C	H	E	S	M	S
R	C	G	U	I	N	E	A	P	I	G	S	A	L
T	S	G	O	R	F	S	C	O	W	S	T	L	T
B	B	A	B	O	O	N	S	N	E	P	R	F	G
O	C	F	P	E	G	O	U	G	I	L	A	F	R
S	T	C	E	S	N	I	K	C	I	T	S	U	T

COWS	FROGS	LOBSTERS
GIRAFFES	PUFF ADDERS	FLAMINGOES
FERRETS	GUINEA PIGS	CHAFFINCHES
STICK INSECTS	KANGEROOS	ANTS
BABOONS	GOLDFISH	BEARS

RUDOLPH'S XMAS LIST

P	S	U	E	E	E	W	Q	N	N	W	E	R	A
L	S	P	I	R	A	L	I	Z	E	R	R	A	E
A	P	O	W	E	R	D	E	E	R	I	L	L	H
H	S	R	T	O	C	A	A	L	G	N	R	U	O
U	H	G	A	S	E	L	E	E	O	H	A	Y	O
E	L	E	O	X	A	W	R	E	L	T	N	A	F
E	N	R	C	A	G	U	I	N	N	E	S	S	M
P	W	A	N	E	R	F	O	S	L	S	Q	S	O
N	I	L	I	H	I	R	D	U	U	A	E	U	U
A	R	R	E	L	T	A	T	A	G	E	N	A	S
I	N	A	R	L	F	T	E	P	U	D	E	O	S
W	I	D	A	A	N	U	R	O	U	G	E	E	E
S	S	T	A	S	O	A	I	E	R	E	A	A	S
T	E	K	C	A	R	H	S	A	U	Q	S	A	R

TATLER   A REIN COAT   HOOF MOUSSE

GUINNESS   HAY   SQUASH RACKET

ANTLER WAX   A POWER DEERILL   ROUGE

SPIRALIZER

SANTA'S FAVOURITE TV

```
E W P P O H S P A W S T O S
P O S T M A N P A T B E C S
P S U E E L R S S O D L W O
N W R O E K R A O W I E D T
O X U R X D Y W W T N T I H
M S G C A A E O K S O U C E
E T R S P M N S P E T B K W
K R A D T P S A M S R B N O
O W T M W P I C N S U I D M
P K S E E N D A P O X E O B
C P W O B N I A R A K S M L
T X S L O R T A P W A P S E
P T Y R A P N T O O E R M S
S S N I W T P M A R C S O T
```

THE WOMBLES   POKEMON   PAW PATROL

SWAP SHOP   RAINBOW   DISNEY

POSTMAN PAT   CRAMP TWINS   DINOTRUX

DICK N DOM   TELETUBBIES   RUGRATS

LAST MINUTE
PETROL STATION GIFTS

S	C	R	S	E	H	C	T	A	M	H	A	O	C
C	E	O	A	S	E	F	A	S	D	R	S	S	L
R	A	P	S	A	T	R	L	M	C	F	W	A	T
E	A	A	E	T	T	E	S	O	A	X	M	K	C
E	E	X	N	O	A	S	A	L	W	G	S	A	S
N	A	N	A	E	T	E	L	K	E	E	N	E	S
W	A	S	L	A	W	U	X	D	B	K	R	U	F
A	K	A	K	H	B	S	E	P	A	A	K	S	M
S	L	T	S	D	S	N	P	X	R	C	K	T	C
H	I	M	E	L	H	D	A	A	K	E	A	E	E
K	P	R	F	T	E	N	B	C	P	G	S	E	O
A	I	R	F	R	E	S	H	E	N	E	R	S	M
A	A	S	C	R	A	T	C	H	C	A	R	D	E
N	S	A	H	O	U	S	E	C	O	A	L	S	A

KITKAT	RED BULL	A NEWSPAPER
A MAGNUM	HOUSE COAL	SCRATCH CARD
MATCHES	STEAK BAKE	COSTA EXPRESS
SCREENWASH	AIR FRESHNER	FLOWERS

SANTA'S DRINKING BUDDIES

S	T	E	X	I	R	D	N	E	H	I	M	I	J
E	A	M	E	E	H	R	N	H	R	S	D	R	E
F	M	O	T	H	E	R	T	E	R	E	S	A	T
A	I	A	R	U	E	E	R	T	A	R	H	H
E	U	G	O	H	G	O	G	N	A	V	N	E	L
T	S	J	W	O	E	A	B	T	L	A	S	N	I
E	L	Y	O	B	N	A	S	U	S	H	S	O	T
E	T	B	A	C	O	L	G	A	D	D	A	F	I
I	H	T	E	B	A	Z	I	L	E	O	I	Y	T
M	S	T	I	N	G	L	L	L	G	S	T	S	R
A	R	O	G	E	R	M	O	O	R	E	R	L	E
R	N	T	I	R	M	S	T	E	V	E	H	L	F
W	D	A	K	N	O	W	Y	L	L	I	W	O	E
B	U	G	S	B	U	N	N	Y	N	S	A	T	N

COL GADDAFI	ELIZABETH I	STEVE
JIMI HENDRIX	BUGS BUNNY	STING
ROGER MOORE	VAN GOGH	MOTHER TERESA
SUSAN BOYLE	NEFERTITI	SALT BAE
WILLY WONKA		

MEDIEVAL XMAS LIST

E	O	A	T	W	P	E	U	G	A	L	P	A	S
R	S	N	E	C	E	R	B	W	L	W	G	P	W
P	U	E	P	I	D	A	O	P	A	R	E	K	O
H	I	W	U	L	U	E	W	I	G	C	U	S	R
P	T	T	C	E	T	W	A	N	O	H	B	S	D
O	O	U	O	R	C	R	N	R	A	O	A	A	S
S	F	N	D	Y	P	E	D	U	T	L	T	N	H
O	A	I	P	L	P	D	A	T	C	E	T	N	A
C	R	C	I	O	K	N	R	A	O	R	L	P	R
K	M	L	E	H	E	U	R	S	S	A	E	T	P
S	O	U	C	A	A	L	O	S	R	H	A	R	E
E	U	T	E	E	I	W	W	U	E	U	X	U	N
A	R	E	A	O	P	I	S	E	T	P	E	S	E
A	P	A	R	K	E	R	Q	U	I	L	L	O	R

PLAGUE	A TURNIP	A PARKER QUILL
COD PIECE	SOCKS	BOW AND ARROWS
UNDERWEAR	A GOAT	SUIT OF ARMOUR
A NEW TUNIC	SWORD SHARPENER	CHOLERA
A HOLY RELIC	BATTLE AXE	LUTE

IF TURKEY ISN'T YOUR THING TRY...

E	C	I	O	R	T	E	A	M	A	R	R	O	W
A	N	O	W	R	E	I	N	D	E	E	R	P	E
T	H	H	R	H	A	N	O	L	D	B	O	O	T
T	D	A	T	O	I	W	F	N	C	C	R	R	T
E	N	W	P	C	N	T	I	E	N	Y	P	I	S
N	N	F	B	P	H	A	E	K	N	A	M	S	T
N	T	T	G	R	Y	E	V	R	R	E	A	T	Y
E	O	A	L	E	M	M	W	I	H	R	Y	N	R
I	D	E	O	O	I	N	E	I	R	I	L	O	O
V	E	U	O	M	D	N	O	A	N	U	N	E	F
A	L	G	S	C	D	C	O	T	L	G	S	O	O
A	A	O	Y	T	V	T	D	N	A	R	G	Y	A
R	G	C	A	R	B	A	T	T	E	R	Y	U	M
A	W	B	E	M	L	I	O	N	R	C	F	K	M

DUST	WHITE RHINO	VIENNETTA
LION	CORONAVIRUS	REINDEER
CHEWING GUM	A MARROW	CAR BATTERY
A HAPPY MEAL	STYROFOAM	AN OLD BOOT
KFC		

SANTA'S PREVIOUS HELPERS

O	M	O	S	S	G	O	C	T	O	S	P	O	T
C	B	A	G	N	I	N	I	M	C	L	S	S	H
R	A	K	E	C	U	E	O	R	A	M	K	Y	E
P	A	C	M	A	N	A	S	M	A	S	O	E	F
T	S	O	H	T	I	C	H	A	E	E	W	R	R
G	R	N	O	T	R	S	H	C	S	S	E	G	E
E	F	R	O	T	P	I	X	I	E	S	R	E	N
P	H	O	B	B	I	T	S	S	R	R	P	H	C
U	B	O	R	R	O	W	E	R	S	U	P	T	H
G	E	P	O	K	E	M	O	N	E	R	E	E	H
S	O	A	R	H	H	B	O	S	G	B	E	D	L
A	L	A	N	T	I	T	C	H	M	A	R	S	H
E	O	N	S	E	L	I	D	O	C	O	R	C	O
E	O	O	M	P	A	L	O	O	M	P	A	S	R

HOBBITS   PIXIES   EWOKS

PUGS   CROCODILES   ALAN TITCHMARSH

LEPRECHAUNS   OOMPA LOOMPAS   GNOMES

BORROWERS   THE GREYS   PAC MAN

POKEMON   THE FRENCH

MRS CLAUSE'S
PREVIOUS CONVICTIONS

```
I  G  U  T  A  X  E  V  A  S  I  O  N  F
S  S  N  S  M  U  G  G  L  I  N  G  U  M
G  L  G  I  E  C  N  E  L  U  G  P  G  N
N  N  A  A  K  G  N  I  X  T  X  A  N  Y
I  D  O  N  R  C  I  O  T  G  E  F  I  R
L  I  I  R  D  S  A  P  N  T  A  F  N  A
B  A  U  M  T  E  N  J  O  D  E  N  N  L
M  U  E  X  T  O  R  T  I  O  N  R  U  G
A  F  P  F  O  G  N  T  U  H  N  A  R  R
G  N  I  T  F  I  L  P  O  H  S  U  N  U
R  M  U  R  N  F  R  A  U  D  G  T  U  B
O  R  N  G  A  E  S  P  I  O  N  A  G  E
O  T  U  A  T  F  E  H  T  D  N  A  R  G
C  O  U  N  T  E  R  F  E  I  T  I  N  G
```

HIJACKING	GRAND THEFT AUTO	SLANDER
FRAUD	SMUGGLING	ESPIONAGE
EXTORTION	BURGLARY	COUNTERFEITING
GUN RUNNING	TAX EVASION	SHOPLIFTING
GAMBLING		

PLACES I DON'T
WANT TO SPEND CHRITMAS

A	A	O	S	O	P	U	R	G	A	T	O	R	Y
A	U	D	O	W	N	A	M	I	N	E	H	M	T
N	O	R	T	H	K	O	R	E	A	O	O	N	Y
F	F	D	D	H	L	V	O	R	M	U	N	N	T
P	M	I	R	O	D	O	M	K	N	T	I	O	T
W	E	N	O	H	E	I	D	T	H	H	T	H	R
H	L	K	F	R	X	A	E	N	L	E	H	E	S
O	M	O	T	A	O	V	M	A	A	O	E	P	E
M	C	U	A	E	T	R	E	T	F	M	R	S
E	R	L	W	R	R	O	E	P	I	F	A	I	A
L	O	R	E	H	A	B	A	U	P	I	T	S	T
E	M	S	R	T	U	T	O	W	S	C	R	O	U
S	T	R	E	N	M	E	N	O	O	E	I	N	R
S	R	E	U	E	C	F	O	E	H	T	X	E	N

HOSPITAL	MOUNT EVEREST	WATFORD
THE OFFICE	PRISON	REHAB
HOMELESS	NORTH KOREA	PURGATORY
DOWN A MINE	THE MATRIX	SATURN

TOILET TERMINOLOGY

U	G	T	O	O	L	B	R	C	R	A	C	A	N
E	L	U	A	N	O	N	N	O	O	M	O	E	V
H	L	C	O	Y	T	T	V	L	T	H	M	L	A
E	O	C	O	N	J	O	E	I	R	C	M	N	P
P	B	Y	O	Y	N	N	U	D	P	A	O	N	G
T	L	Y	T	T	M	O	P	I	K	N	D	R	O
H	A	R	T	T	H	Y	A	T	H	V	E	U	B
R	V	E	R	Y	O	V	C	I	A	A	Y	C	M
O	A	K	E	E	I	P	C	E	Z	R	P	M	U
N	T	V	T	E	N	N	L	H	I	L	H	O	T
E	O	A	E	O	H	O	O	K	A	T	K	O	I
M	R	O	T	R	O	P	E	N	I	R	T	A	L
T	Y	N	A	V	J	R	O	R	P	R	I	V	Y
U	R	E	P	P	A	R	C	P	Y	N	R	Y	A

POTTY	DUNNY	KHAZI
PRIVY	CRAPPER	LAVATORY
LATRINE	LOO	COMMODE
THRONE	BOG	JOHN
CAN		

REJECTED SANTA HATS

```
T  E  T  E  R  E  B  T  L  M  B  R  P  T
Z  O  A  R  R  T  T  R  I  L  B  Y  U  B
H  B  P  O  S  R  R  R  B  O  O  R  U  P
E  R  O  H  O  B  R  M  O  S  B  P  E  L
D  A  I  F  A  T  A  Y  O  A  I  O  E  L
S  S  P  E  I  T  F  M  N  T  W  U  T  A
T  T  O  R  O  E  B  T  H  R  T  B  O  Z
B  T  S  T  D  R  A  H  O  E  O  E  B  E
O  N  E  O  E  A  E  R  E  T  A  O  B  F
W  T  R  R  P  L  E  B  P  O  B  E  U  B
L  A  O  I  M  E  S  S  T  E  T  S  O  N
E  B  T  E  E  I  H  A  R  B  R  F  R  W
R  E  T  E  B  E  A  N  I  E  O  P  F  A
H  P  A  C  L  L  A  B  E  S  A  B  I  B
```

TRILBY	TOP HAT	PITH HELMET
TURBAN	BEANIE	FEDORA
FEZ	STETSON	SOMBRERO
BERET	BOWLER	BOATER
BASEBALL CAP		

SANTA'S ARCH-ENEMIES

```
Y J S F N O R H M R G A H R
T M A O A Y S N E F R N T E
H O B C M T T A T R I M K R
S T O M K I H C U A N M T S
U H T T R F E E R L C R O E
P E R H H H R K R O H C A A
M R B B O F A O N T R N A K
A N G T A O A N S T I M U H
R A H O T J A I K T A M J C
K T G C C O Y I R E E T E A
A U P J F A O O A Y Y O R N
M R N E A S T E R B U N N Y
H E N B A L O C A C O C T N
N A M Y E G O B E A I N K F
```

MOTHER NATURE   COCA COLA   MR HANKEY

FATHER TIME   JACK FROST   GRINCH

EASTER BUNNY   KRAMPUS   TOOTH FAIRY

BOGEY MAN

PREVIOUS SLEIGHS

G	R	U	B	N	E	D	N	I	H	E	H	T	N
N	A	V	M	A	E	R	C	E	C	I	I	B	O
I	U	D	I	N	O	N	S	S	N	A	O	H	S
E	S	N	J	O	A	B	A	T	H	T	U	B	D
S	T	B	Y	C	R	H	E	L	L	I	N	K	I
R	I	Y	E	E	B	U	T	I	E	A	E	I	V
O	N	O	C	H	I	E	O	U	C	S	R	N	A
H	A	H	O	G	N	Y	V	I	T	H	D	T	D
N	L	N	E	N	E	E	T	G	C	O	O	U	Y
A	L	T	O	I	R	A	H	C	A	E	D	P	E
J	E	D	R	O	C	N	O	C	E	D	T	S	L
O	G	B	W	H	E	E	L	I	E	B	I	N	R
R	R	O	B	I	N	R	E	L	I	A	N	T	A
T	O	C	S	H	I	N	A	E	T	L	A	E	H

A SHOE

AUSTIN ALLEGRO

HARLEY DAVIDSON

SPUTNIK

ROBIN RELIANT

WHEELIE BIN

ICE CREAM VAN

TROJAN HORSE

A BATH TUB

JCB

CONCORD

THE HINDENBURG

A CHARIOT

EMERGENCY BOG ROLL

N	L	S	L	A	A	R	B	D	O	A	N	U	H
I	O	O	R	P	A	P	E	R	M	O	N	E	Y
V	T	C	Y	P	A	A	T	A	T	L	L	E	C
B	T	K	A	A	C	S	X	C	E	E	E	N	T
O	E	S	L	E	U	S	P	S	U	W	T	R	L
X	R	E	P	T	R	P	A	S	I	O	B	N	S
E	Y	E	S	E	T	O	N	E	O	T	E	E	A
R	T	C	R	E	A	R	T	N	T	D	P	E	F
S	I	O	U	O	I	T	S	I	T	N	V	U	L
H	C	Z	G	R	N	E	I	S	N	A	E	T	A
O	K	V	L	E	S	R	S	U	D	H	Y	I	N
R	E	T	Y	A	C	S	A	B	I	N	U	E	N
T	T	S	C	R	R	R	E	C	E	I	P	T	E
S	Y	O	U	R	L	O	V	E	L	I	F	E	L

RUG	RECEIPT	FLANNEL
PAPER MONEY	PASSPORT	RIZLA
YOUR LOVE LIFE	LOTTERY TICKET	SOCKS
BUSINESS CARD	CURTAINS	HAND TOWEL
BOXER SHORTS	PANTS	BRA
TIE		

FATHER C'S ALTER EGOS

C	S	U	R	E	C	I	R	P	E	I	T	A	K
T	E	O	N	H	A	G	R	I	D	P	A	A	G
G	A	S	A	B	O	U	D	I	C	C	A	I	E
J	U	L	I	A	N	A	S	S	A	N	G	E	M
C	E	K	A	T	E	M	O	S	S	I	L	G	A
P	I	O	L	D	G	E	C	N	O	Y	E	B	S
U	L	T	T	T	H	E	S	T	I	G	E	H	L
R	N	A	C	I	O	J	O	E	A	G	O	N	B
E	M	Y	H	N	U	G	N	O	J	M	I	K	O
O	J	E	A	N	A	M	P	I	M	A	M	I	N
K	B	C	G	N	O	I	E	A	U	T	E	E	O
B	O	B	T	H	E	B	U	I	L	D	E	R	M
C	M	A	R	Y	M	A	G	D	A	L	E	N	E
A	O	J	U	L	I	U	S	C	A	E	S	A	R

BONO	KIM JONG UN	BEYONCE
BOB THE BUILDER	BOUDICCA	HAGRID
KATIE PRICE	JULIAN ASSANGE	THE STIG
KATE MOSS	JUILUS CAESAR	IP MAN
MARY MAGDALENE		

WHY THEY'RE ON THE THRONE SO LONG!

O	U	N	G	E	M	E	W	G	A	O	G	S	O
I	H	N	Y	I	Y	M	A	L	I	D	A	B	L
S	P	A	Q	N	I	G	S	S	C	A	P	I	Y
G	X	I	L	F	T	E	N	K	D	A	S	K	L
N	Q	D	U	E	M	U	E	N	D	A	C	P	N
I	I	E	N	N	C	S	W	I	S	N	P	P	M
K	L	M	N	A	D	E	S	T	E	C	A	E	P
O	I	L	G	P	O	P	A	T	Q	T	T	R	S
O	K	A	E	P	N	N	P	I	C	U	U	C	C
C	T	I	A	I	A	O	P	N	L	M	I	O	T
R	P	C	E	N	L	N	S	G	C	S	Y	E	I
U	N	O	P	G	D	P	C	H	P	I	P	N	T
O	L	S	P	A	S	H	O	P	P	I	N	G	T
Y	D	N	A	R	B	N	W	O	R	U	O	Y	G

IBS	NAPPING	PEACE
QUIET	MCDONALDS	KNITTING
NETFLIX	YOUR COOKING	YOUR OWN BRAND
NEWS APPS	SOCIAL MEDIA	SHOPPING

THINGS I'D RATHER DO
THAN WRAP PRESENTS...

P	A	E	R	S	M	D	S	W	A	D	I	E	U
A	M	A	X	G	O	A	W	O	N	E	E	A	M
C	A	T	T	C	C	Y	A	R	R	K	S	T	R
K	R	T	G	A	H	I	X	D	U	A	I	R	A
A	A	I	N	R	A	M	M	S	T	I	T	P	W
S	T	N	I	O	N	G	Y	E	E	G	A	U	A
U	H	F	T	F	G	I	P	A	R	O	N	L	S
I	O	O	I	A	E	V	E	R	X	T	E	L	H
T	N	I	A	O	A	E	R	C	A	O	X	A	T
C	A	L	B	T	T	B	I	H	T	W	A	T	H
A	N	E	R	R	Y	I	N	E	Y	O	M	O	E
S	I	G	A	E	R	R	E	S	M	R	T	O	C
E	R	I	E	L	E	T	U	T	T	K	I	T	A
A	A	S	B	B	U	H	M	A	C	A	L	H	R

MY TAX RETURN	PULL A TOOTH	GO TO WORK
CHANGE A TYRE	WAX MY PERINEUM	GIVE BIRTH
EAT TIN FOIL	A MARATHON	DIE
PACK A SUITCASE	SIT AN EXAM	WORD SEARCHES
BEAR BAITING	WASH THE CAR	

SANTA'S PREVIOUS JOBS

D	D	O	L	I	F	E	M	O	D	E	L	D	T
I	C	A	T	B	U	R	G	L	A	R	P	R	A
N	A	M	T	I	H	S	N	K	E	F	B	E	O
C	H	I	M	N	E	Y	S	W	E	E	P	H	C
F	I	S	A	M	A	G	I	C	I	A	N	P	D
E	R	R	B	A	E	M	I	D	W	I	F	E	E
H	B	E	F	N	T	S	I	T	N	E	D	H	R
C	O	U	R	T	J	E	S	T	E	R	S	S	L
R	H	T	R	E	E	S	U	R	G	E	O	N	G
E	I	C	T	A	X	I	D	R	I	V	E	R	M
G	R	E	L	L	A	C	O	G	N	I	B	G	T
R	O	Y	O	B	R	E	P	A	P	T	B	C	R
U	M	C	N	F	B	O	O	K	I	E	L	T	E
B	R	O	T	A	I	D	A	L	G	U	R	O	R

MIDWIFE	COURT JESTER	PAPER BOY
TAXI DRIVER	RED COAT	LIFE MODEL
BIN MAN	BOOKIE	TREE SURGEON
BINGO CALLER	GLADIATOR	CHIMNEY SWEEP
SHEPHERD	BURGER CHEF	DENTIST
HITMAN	MAGICIAN	CAT BURGLAR

Riddle Me This

1. WHAT HAS A NECK, BUT NO HEAD?

2. I AM EASY TO LIFT, BUT HARD TO THROW. WHAT AM I?

3. HOW DO YOU SPELL COW IN FOURTEEN LETTERS?

4. I AM AN ODD NUMBER. TAKE AWAY A LETTER AND I BECOME EVEN. WHAT NUMBER AM I?

5. POOR PEOPLE HAVE IT. RICH PEOPLE NEED IT. IF YOU EAT IT, YOU DIE. WHAT IS IT?

6. WHAT KIND OF ROOM HAS NO WALLS, DOORS, OR WINDOWS?

7. A BUS DRIVER GOES THE WRONG WAY DOWN A ONE-WAY STREET. HE PASSES THE POLICE BUT THEY DON'T STOP HIM. WHY?

8. WHAT HAS A BOTTOM AT THE TOP?

9. IT HAS KEYS, BUT NO LOCKS. IT HAS SPACE, BUT THERE'S NO ROOM. YOU CAN ENTER, BUT YOU CAN'T GO INSIDE IT. WHAT IS IT?

10. DAVID'S HEIGHT IS 6'2", HE IS AN ASSISTANT AT A BUTCHER'S SHOP, AND HAS SIZE 9 FEET. WHAT DOES HE WEIGH?

11. WHAT IS 3/7 CHICKEN, 2/3 CAT AND 2/4 GOAT?

12. WHAT 5 LETTER WORD, TYPED IN ALL CAPITALS CAN BE READ THE SAME UPSIDE DOWN?

ANSWERS

12. SWIMS

11. CHICAGO.

10. MEAT.

9. A KEYBOARD.

8. YOUR LEGS.

7. HE IS WALKING?

6. A MUSHROOM.

5. NOTHING.

4. SEVEN.

3. SEE OH DOUBLE YOU.

2. A FEATHER.

1. A BOTTLE.

Sudoku Puzzles

SOLUTIONS ON PAGE 119

1

4			1
	1	4	
	4		3
	3		4

	3		1
2		3	4
1			

3

4			2
3	2		
	4		
	3	4	1

3		1	2
2			3
4	2		
1	3	2	4

2	3		4
4		3	
1	2	4	
	4		1

3	4		2
			3
4		2	
2	1	3	

7

1	2		3
3			2
2			
			1

8

3			4
	2		
1		4	2
		1	3

9

2			1
		2	
3		1	
1			2

10

2	1		
	3		1
		3	2
	2	1	4

5	1	3	6	4	
	2	4	5	3	
4	3		1		
	6		4	2	3
3	5		2		

	1	2	5		4
				2	1
3	2	6		4	5
	5				2
	6			1	
4					

13

5		3			
6		2	5	3	
			2	5	6
					3
3		1		6	5
4	5		3	1	2

14

			3	2	
1	5		4		2
					6
			2		3
		3	6		5

15

3			4	6	
4					
1	6				3
2		4	1	5	
	1		5	3	4
5	4	3		1	

		5		6	
4		3		2	5
				3	4
6	3				1
5	4			1	6
	1	6	5		

17

	4		5	2	
6					
		5			
4			2	3	

		1		2	4
			3		
			6		
6	3	5	1		
	5			1	
4			2	5	6

3		2			
6	5	4	3	1	
4	2	5	1		3
			4	2	
		3	5		1
5	4		2	3	

	1	4	5		3
5		2			4
1	4		3	6	
3		6		4	5
				5	1
		1	2	3	

21

3	6	9	8				2	
4	7			9	2	3	5	8
8		5		4		7	6	9
		2		8				
1					6	8	9	
9	8		7	5	4	6	1	
	9	8	4	6			3	1
	1	6	2	3	8	9	4	7
7	3		5		9	2	8	

					4	6	2	7
	2		7	1	3	4		8
				6				
4		3	6		7	8	5	9
	8					3	6	1
6		9		3	8		4	
	6	5	3		9	2	8	4
3	4		2		1		7	
7	9	2	4	8				

23

7	9		4			6		3
			2				4	8
8		4	6	3				
						8		4
	7	8				9		6
	2	9			6	3	5	
	8							7
	6	1				5	8	
	4	7	9		8	1	3	2

3						4	8	5
7		6	4	5		3		
2		4		3	1	9	6	
5	6			2	4	7	3	9
			5		7		4	
	4	7	9				5	2
6		9		4	5		7	8
8		3	7	1	6	5		4
				9	8		1	

		8			1	2		
3	6		8			1		
		1	6			5	9	
7	3	4	9	5		6		
	1	9		6		8	5	
	8		2		4	7		9
		6			3		7	5
9	5	3	1		6	4	8	
	4				9		1	

Sudoku
Solutions

1

4	2	3	1
3	1	4	2
1	4	2	3
2	3	1	4

2

4	3	2	1
2	1	3	4
3	4	1	2
1	2	4	3

3

4	1	3	2
3	2	1	4
1	4	2	3
2	3	4	1

4

3	4	1	2
2	1	4	3
4	2	3	1
1	3	2	4

5

2	3	1	4
4	1	3	2
1	2	4	3
3	4	2	1

6

3	4	1	2
1	2	4	3
4	3	2	1
2	1	3	4

7

1	2	4	3
3	4	1	2
2	1	3	4
4	3	2	1

8

3	1	2	4
4	2	3	1
1	3	4	2
2	4	1	3

9

2	3	4	1
4	1	2	3
3	2	1	4
1	4	3	2

10

2	1	4	3
4	3	2	1
1	4	3	2
3	2	1	4

11

5	1	3	6	4	2
6	2	4	5	3	1
4	3	2	1	5	6
1	6	5	4	2	3
2	4	1	3	6	5
3	5	6	2	1	4

12

6	1	2	5	3	4
5	4	3	6	2	1
3	2	6	1	4	5
1	5	4	3	6	2
2	6	5	4	1	3
4	3	1	2	5	6

13

5	4	3	6	2	1
6	1	2	5	3	4
1	3	4	2	5	6
2	6	5	1	4	3
3	2	1	4	6	5
4	5	6	3	1	2

14

3	2	4	5	6	1
5	6	1	3	2	4
1	5	6	4	3	2
4	3	2	1	5	6
6	1	5	2	4	3
2	4	3	6	1	5

15

3	2	1	4	6	5
4	5	6	3	2	1
1	6	5	2	4	3
2	3	4	1	5	6
6	1	2	5	3	4
5	4	3	6	1	2

16

1	2	5	4	6	3
4	6	3	1	2	5
2	5	1	6	3	4
6	3	4	2	5	1
5	4	2	3	1	6
3	1	6	5	4	2

17

1	4	3	5	2	6
5	2	6	1	4	3
3	1	2	6	5	4
6	5	4	3	1	2
2	3	5	4	6	1
4	6	1	2	3	5

18

3	6	1	5	2	4
5	4	2	3	6	1
1	2	4	6	3	5
6	3	5	1	4	2
2	5	6	4	1	3
4	1	3	2	5	6

19

3	1	2	6	5	4
6	5	4	3	1	2
4	2	5	1	6	3
1	3	6	4	2	5
2	6	3	5	4	1
5	4	1	2	3	6

20

6	1	4	5	2	3
5	3	2	6	1	4
1	4	5	3	6	2
3	2	6	1	4	5
2	6	3	4	5	1
4	5	1	2	3	6

21

3	6	9	8	7	5	1	2	4
4	7	1	6	9	2	3	5	8
8	2	5	1	4	3	7	6	9
6	5	2	9	8	1	4	7	3
1	4	7	3	2	6	8	9	5
9	8	3	7	5	4	6	1	2
2	9	8	4	6	7	5	3	1
5	1	6	2	3	8	9	4	7
7	3	4	5	1	9	2	8	6

22

8	3	1	5	9	4	6	2	7
5	2	6	7	1	3	4	9	8
9	7	4	8	6	2	5	1	3
4	1	3	6	2	7	8	5	9
2	8	7	9	4	5	3	6	1
6	5	9	1	3	8	7	4	2
1	6	5	3	7	9	2	8	4
3	4	8	2	5	1	9	7	6
7	9	2	4	8	6	1	3	5

23

7	9	2	4	8	5	6	1	3
3	5	6	2	1	9	7	4	8
8	1	4	6	3	7	2	9	5
6	3	5	1	9	2	8	7	4
1	7	8	3	5	4	9	2	6
4	2	9	8	7	6	3	5	1
9	8	3	5	2	1	4	6	7
2	6	1	7	4	3	5	8	9
5	4	7	9	6	8	1	3	2

24

3	9	1	6	7	2	4	8	5
7	8	6	4	5	9	3	2	1
2	5	4	8	3	1	9	6	7
5	6	8	1	2	4	7	3	9
9	3	2	5	8	7	1	4	6
1	4	7	9	6	3	8	5	2
6	1	9	3	4	5	2	7	8
8	2	3	7	1	6	5	9	4
4	7	5	2	9	8	6	1	3

25

5	9	8	7	4	1	2	6	3
3	6	2	8	9	5	1	4	7
4	7	1	6	3	2	5	9	8
7	3	4	9	5	8	6	2	1
2	1	9	3	6	7	8	5	4
6	8	5	2	1	4	7	3	9
1	2	6	4	8	3	9	7	5
9	5	3	1	7	6	4	8	2
8	4	7	5	2	9	3	1	6

Amazing Mazes

Start

Finish

Start

Finish

Start

Finish

Start

Finish

Start

Finish

Start

Finish

Start

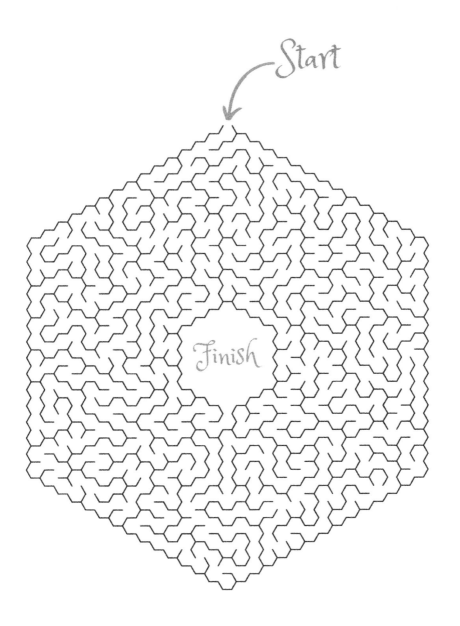

Finish

Start

Finish

Start

Finish

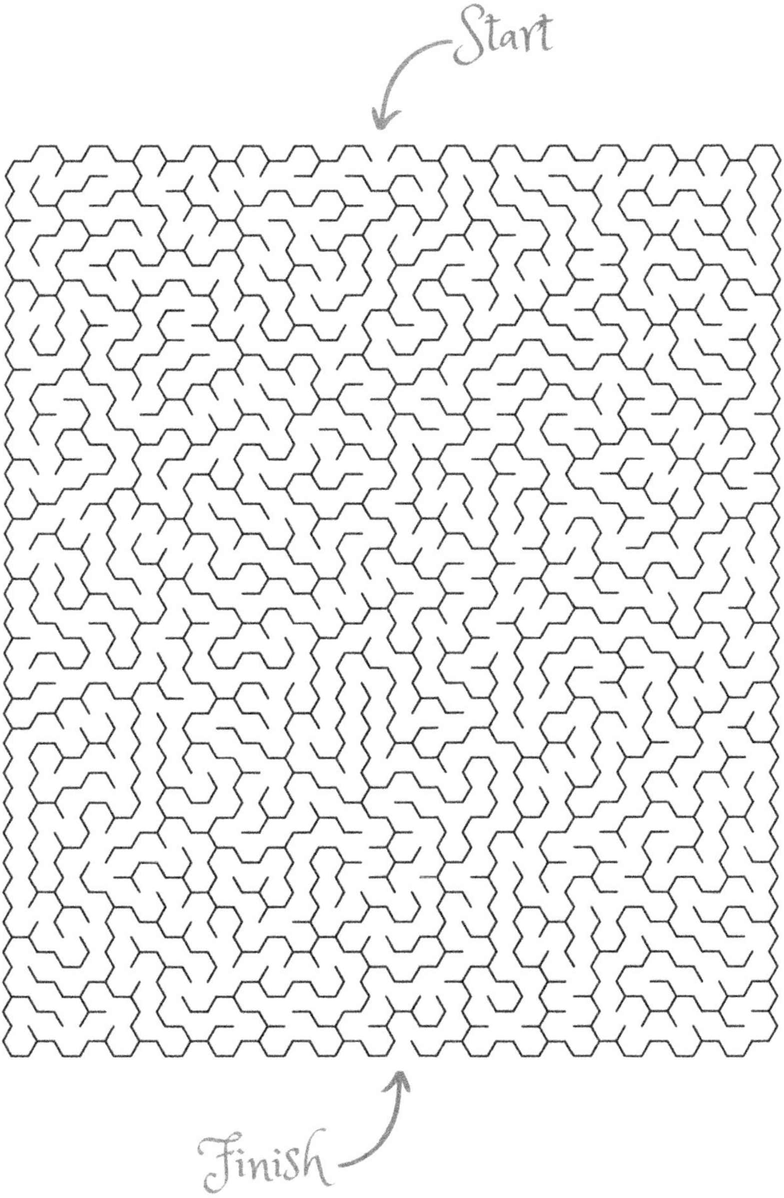
Start
Finish

CHECK OUT MORE
MORE FROM THIS SERIES

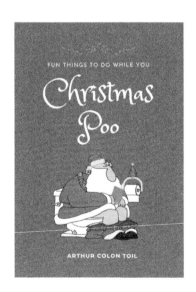

FUN THINGS TO DO WHILE YOU

Christmas
Poo

ARTHUR COLON TOIL